ÉLOGE

DE

JEAN-JACQUES ROUSSEAU,

Qui a concouru pour le prix de l'Académie Française.

A PARIS,

Chez GRÉGOIRE, Libraire, rue du Coq
Saint-Honoré,

1790.

ERRATA.

Page 23, *ligne* 4, suppériorité *lisez* supériorité.

Page, 23, *ligne* 5, francaise *lisez* française.

Page 24, *ligne* 2, les dents, *lisez* le sens.

Page 44, *ligne* 15, défendoit, *lisez* défendroit.

Page 58 *Note* 3eme, *ligne* 23, la perfection de vertu, *lisez* de cette vertu.

AVIS DE L'ÉDITEUR.

L'auteur de cet éloge ne songea sérieusement à l'entreprendre que vers la fin d'Avril. Ignorant dans quel tems les envois devoient être faits, on écrivit à ce sujet à M. le secrétaire de l'académie, dont on n'a point reçu de réponse ; mais comme on crut se souvenir que les éloges devoient être à Paris avant le premier Juin, l'auteur éloigné de plus de cent lieues se hâta d'envoyer ce qu'il s'étoit hâté d'écrire.

Deux fautes le choquèrent quand il relut son ouvrage de sang froid. Dès la première page il vit un pronom relatif qui grammaticalement ne se rapportoit à rien, et vers la fin du discours il trouva une contradiction sinon réelle du moins apparente, et dans les termes si elle n'est pas dans la pensée. M. le Baron d'Aigalliers eut la bonté de faire tenir à M. Marmontel des corrections dont on ne sait pas s'il a été fait usage.

Un autre défaut, et celui-ci étoit sans remède, frappa l'auteur. Il trouva qu'il en avoit trop dit sur la perfection idéale pour un discours oratoire, et n'en avoit pas dit assez pour une dissertation philosophique. En effet ce sujet aussi vaste qu'intéressant est à peine indiqué. Que de preuves on pourroit donner de l'attente où nous sommes sans cesse de cette perfection, que nous appellons pourtant toujours chimérique et impossible ! Rousseau, l'abbé de St. Pierre, tous ceux en un mot dont on raille l'esprit et les systêmes romanesques n'ont pas un détracteur qui, vingt fois chaque jour, ne se plaigne de trouver dans les objets qui l'entourent, dans ses amis, dans ses parens, dans le livre qu'il lit, dans le gouvernement, le climat, le sol du pays qu'il habite, des imperfections entre lesquelles et la perfection il n'y a point de milieu. Quand vous entendez le vulgaire redire tous les jours : aujourd'hui *l'argent est tout et la vertu n'est rien ; la bonne foi n'est plus sur la terre ; la vérité en est bannie ainsi que la simplicité de nos ayeux;* quand vous voyez Salluste tenir le même langage, et Nestor dans le vieil Homere regretter les anciens héros; quand encore après cela vous lisez la République de Platon, vous ne pouvez douter que la perfection surnaturelle ne soit notre desir naturel, que nous ne devions nécessairement y tendre dans tous nos plans, dans tous nos projets, et que hors la perfection ou l'espoir de la perfection rien ne peut nous plaire. Voilà ce que l'auteur de l'éloge eut dû mieux dire puisqu'il se hasardoit à en parler.

A des défauts se peuvent mêler

vj

quelques beautés. L'académie si elle n'a point montré de préférence à ce discours sur les autres, n'en a point montré non plus à aucun autre sur celui-ci. Elle peut l'avoir trouvé mauvais ou médiocre, mais elle peut aussi ne l'avoir trouvé que trop peu politique, ce qui n'est pas un défaut pour tout le monde dans un tems où nous sommes inondés de politique, et d'ouvrages politiques; enfin on peut se flater qu'il sera lu avec plaisir quoiqu'il n'ait pas été couronné, et c'est pourquoi nous nous empres-sons de le donner au public. Il est un à propos en toute chose; dans un an s'il y a un nouveau concours sur le même sujet peut-être la curiosité du public sera-t-elle refroidie, et certainement le discours que nous donnons fût-il rendu meilleur, seroit alors très-suranné.

N. B. Quelques notes de l'éditeur, indiquées par des renvois, se trouvent à la suite de l'éloge.

ÉLOGE

DE

JEAN-JACQUES ROUSSEAU,

Qui a concouru pour le prix de l'Académie Française.

MESSIEURS,

C'EST vous que vous avez honoré jusqu'ici, quand vous avez prescrit à l'éloquence de louer des talens ou des vertus, à qui dès long-tems tous les hommes rendoient hommage. Elevez, disiez-vous, des monumens à des mânes vénérés ; nous consacrerons vos travaux, et vous partagerez avec nous l'honneur de l'enthousiasme qui nous anime. Ici, Messieurs, dans cette occasion, vous vous honorez plus que jamais. Ecartant toutes les préventions, oubliant toutes les querelles, vous rendez hommage à un homme qu'une terre étrangère vit naître, et qui professa une autre croyance, une autre philosophie que la vôtre. Mais ce n'est pas votre seule gloire qui s'accroît ; vous rendez plus brillante celle de l'homme déjà célèbre qui en est l'objet (1). Cette gloire n'étoit pas partout répandue ; vous l'étendrez partout. Elle lui étoit quelquefois disputée ; vous proclamez la cessation de toute dispute. Il est beau de savoir rassembler tous les rayons et admirer tout l'éclat des plus brillantes planètes, mais à travers quelques nuages, reconnoître un astre qui vient de prendre sa place dans le firma-

ment, et dire des premiers, aux ob-
servateurs indécis, c'est une planete;
voilà qui est plus beau et plus rare.
O Rousseau ! que n'êtes-vous le té-
moin de votre triomphe ! Vous, l'at-
tendiez de la postérité, mais ce sont
vos contemporains qui vous le dé-
cernent. Jamais les rivalités ne furent
si vîte oubliées ; jamais l'esprit de
parti ne céda si vîte à l'esprit de justice. Ah ! votre ame sublime survi-
vant au corps qu'elle animoit, ne seroit-elle point errante au milieu de
vos admirateurs ? Que ne puis-je
être inspiré par elle ; que ne pou-
vez-vous, ô Rousseau, me donner
votre stile enchanteur ! Alors je vous
louerois dignement, alors j'espére-
rois remporter une palme glorieuse,
prix desiré, que des juges éclairés
tiennent en leurs mains, et qui excite
l'ardeur de mes rivaux et la mienne.

Trois manières d'envisager Rousseau déterminent le plan de ce discours. Choisissant parmi les traits sous lesquels il s'est peint lui-même, je tâcherai de dire ce qu'il étoit, ensuite je fixerai mes regards sur ce que j'admire le plus en lui, enfin j'oserai y voir ce qui a besoin d'être excusé, et peut-être trouverai-je des excuses propres à désarmer ce qu'il reste de détracteurs à la mémoire de ce bon et grand homme.

Rousseau naquit avec des organes tout-à-la fois forts et subtils. Ses sens étoient parfaits, et au moindre éveil, les vives impressions qu'ils avoient confiées à sa mémoire, se renouvelloient avec une étonnante netteté. Ne seroit-ce point la perfection des sens et celle de la mémoire qui formeroient ensemble une imagination forte et brillante? Rien n'échappoit. à l'oreille délicate ni aux regards perçans de l'enfant citoyen de Genève. Tantôt Genève lui aidoit à comprendre Rome ou Athènes, tantôt ce qu'il lisoit au cœur des Romains ou des Grecs, il le supposoit au cœur de ses compatriotes. Ainsi s'exaltoit son ame, ainsi les hommes de l'histoire reprenoient vie dans son jeune cerveau, ainsi les objets présens s'embellissoient des couleurs de l'histoire et même de la fable, ainsi, joignant à ce qu'il voyoit et entendoit, ce qu'il avoit vu et lu et entendu ça et là, donnant à une belle femme un cœur sensible et une voix mélodieuse, à un homme juste du courage et de la douceur, à un champ fertile des fleurs brillantes et des eaux limpides, il préparoit la *Julie*, *l'Emile*, *le Clarens* de son imagination, et créoit et peuploit déjà ce monde idéal dans lequel il crut vivre quelquefois, et dans lequel il a su nous faire vivre avec lui. Ah ! qu'il est dur de devoir séparer ce que notre imagination avoit joint, de ne voir dans l'objet mieux connu, que la moitié de ce qui nous le rendoit agréable ! Un père tendre mais négligent, un camarade doux mais foible, un instituteur long-temps judicieux et indulgent mais qui cessa de l'être, des hommes rassemblés parmi lesquels on ne pouvoit obtenir une place qu'au moyen de travaux et de sacrifices pénibles, qui gâtent d'avance le prix qu'on s'en promet, voilà les mécomptes qu'éprouva Rousseau, voilà ce qui commença à l'aigrir contre la société et à lui donner de la défiance de ses semblables. Mais déjà il avoit pleuré une mère aimable qu'il ne connois-

soit que par des récits; déjà il avoit
reçu les soins de sa mie et de sa
tante ; il ne les oublia jamais, ni ses
premiers jeux, ni les premiers chants
qui avoient charmé son oreille ; toujours il aima la musique, toujours il
espéra des femmes ; et quelles douces
images, quelles charmantes peintures
ne sut-il pas tirer de ce qui lui avoit
manqué, et de ce qu'il avoit éprouvé
de leur part! Bonheur domestique ;
soins maternels, amour, vertu,
comment ne sut-il pas et vous concevoir et vous peindre !

Je ne suivrai pas Rousseau dans
les différentes éducations qu'il reçut
de ses maîtres et des événemens.
Qu'ont-elles de remarquable si ce
n'est le bien et le mal qu'elles lui ont
fait ? Tout est poison ou source de
vie pour certaines ames, tandis qu'en
d'autres ames moins pénétrables,

rien ne produit un changement sensible. L'eau fétide ou embaumée glisse sur une terre sèche et argilleuse, mais elle est bue toute entière par le terrein spongieux; et le froment qu'il recèle tantôt s'abreuve d'un venin funeste, tantôt d'une rosée salutaire qui favorise son développement. D'ailleurs quand le jeune Rousseau fait quelque rencontre extraordinaire, c'est lui qui la rend telle. A quel autre aprenti graveur de quinze ans, un ecclésiastique sage et bien né eût-il prodigué son accueil et sa controverse? Déjà sans doute sa phisionomie étoit attachante; déjà sans doute l'attention qu'il donnoit aux argumens du pasteur étoit touchante ou flatteuse. L'enfant poursuit sa course vagabonde, et par-tout les hommes et les femmes, tous ceux du moins qui pour fixer leurs regards

sur un de leurs semblables , n'ont
besoin d'être avertis ni par la renom-
mée , ni par aucune décoration ,
distinguent Rousseau , s'attachent à
lui, ou veulent se l'attacher. Plus
d'un homme d'esprit devina , et même
s'exagera son aptitude pour les lettres.
On vouloit le conduire , et on ne
voyoit pas que l'extrême sensibilité ,
ce guide inconstant et vacillant, et
cependant absolu, dont une fleur, une
épine , un caillou change la direction
et l'allure, devoit seule le guider , devoit l'arrêter, l'entraîner, l'élever et le
dégrader tour à tour , jusqu'à sa der-
nière heure. Pourquoi n'appercevoit-
on pas cette sensibilité, cette mobilité
extrêmes ? parce qu'on n'étoit pas fait
comme lui. L'un devenu savant ne
trouvoit pas qu'il fût si pénible d'étu-
dier avec ordre , avec suite , avec
application. L'autre, que des regis-

tres, des calculs , un travail mono-
tone n'ennuyoient pas beaucoup, ne
pouvoit pressentir combien ils en-
nuyeroient Rousseau. D'autres fixés
dans une habitation commode, entre
les plaisirs et les devoirs de la société,
ne concevoient pas que des visites,
des conversations, les rits du savoir
vivre pussent être autant de fléaux et
d'entraves insupportables. Il y en
avoit, et c'étoit sans doute les plus
dignes d'être écoutés ; il y avoit des
gens judicieux qui , sans exiger de
travaux , sans imposer de joug ,
vouloient seulement que Rousseau
se livrât moins à ses préventions et à
ses ressentimens ; qu'il pardonnât
quelque chose à ceux qui l'aimoient,
et qu'il ne vît pas dans ses ennemis,
des Dieux pour la puissance et des
Démons pour la volonté. Ces gens
là même exigeoient encore trop et ne

le connoissoient pas assez. Et quel autre peut nous connoître que celui qui nous ressemble parfaitement, ou celui qui ayant pétri l'argile dont nous sommes faits, l'a aussi animée du feu de la vie dont il est le foyer aussi bien que le distributeur !

- Rousseau, éloigné des lieux où s'étoient passés son enfance et sa première jeunesse, eut beaucoup de ces demi-appréciateurs, de ces demi-amis qui vouloient bien le servir à leur manière, mais non à la sienne. Pour lui, fidèle à sa romanesque imagination, il cherchoit toujours et voyoit quelquefois dans des objets communs, des charmes extraordinaires.

Don-Quichotte, le visionnaire de Cervantes, ou ne se désabusoit pas, ou après le désenchantement, respectoit encore l'objet qui l'avoit en chanté, au lieu que le visionnaire de la nature, irrité à proportion de ce qu'il avoit été séduit, ne voyoit plus qu'un méchant, un perfide dans celui où il avoit cru trouver le Pylade d'un nouvel Oreste. Son imagination le trompoit une seconde fois. Et dans quelle classe d'hommes les besoins de son esprit lui faisoient-ils chercher des amis? Il les cherchoit parmi les hommes chez qui l'amour-propre est le plus vif, le plus aiguillonné, le plus susceptible. Après la nature, c'est à eux qu'il dut ses brillans succès. Il prit d'eux ce desir de gloire qui depuis les divisa. Avec eux se polit son esprit, son goût, son style, et peut-être auroit-il dû pardonner à ses maîtres de se refroidir pour un disciple qui les éclipsoit.

L'or se peut partager, mais non

pas la louange, dit le bon La Fontaine. Si la louange pouvoit se partager, ce seroit quand des talens et des travaux différens obtiendroient de différens éloges ; mais tous les lauriers se ressemblent pour celui qui en voit sa tête chargée, et toute couronne diminue à ses yeux le prix de celle qu'il obtient. Autrement, pourquoi le poëte, pourquoi le bel esprit, pourquoi l'historien, pourquoi l'auteur d'un drame, pourquoi le dogmatiseur, eussent-ils été jaloux de Rousseau, qui n'étoit, quant au genre, le rival d'aucun d'eux ? Mais quel étoit le genre de Rousseau en sa qualité d'écrivain ? Rousseau étoit écrivain, ce qu'il étoit homme. Toujours ému par des sensations exquises, quelque tableau qu'il voulût tracer, son cœur et sa mémoire lui fournissoient et canevas et couleurs ;

et véritable Pygmalion, séduit par son propre ouvrage, dès qu'il lui avoit donné quelque forme, combien il lui étoit alors facile et naturel de le perfectionner, de l'embellir, de rendre son idole l'idole de tout le monde ! S'il argumente, on voit qu'il est le premier persuadé ; s'il loue, le premier extasié ; et quand il blâme, peintre et spectateur, orateur et auditeur tout-à-la-fois, il remue lui - même son ame irascible au point que, s'aigrissant moins contre l'objet qu'il vouloit peindre, que contre l'être odieux qu'il a créé, il n'y a plus de borne à son indignation. Quel enchanteur qu'un cœur passionné ! par-tout il fait voir des monstres ou des dieux, les champs Elyséens ou le noir Tartare.

Rousseau, quand il écrit, trouve

pourtant dans une de ses passions un frein à ses passions les plus fougueuses. L'harmonie le captive et l'enchaîne. Celui que ni les conseils de la prudence, ni les prières de l'amitié n'arrêtoient point, est arrêté par un mot sec ou traînant, par une dissonance qui le choque, par le besoin d'une mélodie plus forte ou plus douce, qui satisfasse son oreille, et convienne à sa pensée.

Peut-être trouvera-t-on mon hypothèse trop hardie, trop étrange, mais j'ai cru toujours que l'oreille de Rousseau avoit fait Rousseau ce qu'il a été. Dès l'enfance il aima passionnément la musique ; mais comme il n'étoit pas né en Italie, il fallut qu'il l'apprît, et il ne put la savoir que fort tard. Le *Devin du village* prouve plus de délicatesse que de fécondité. Son auteur étoit plus capable de sentir la musique que d'en produire. D'ailleurs malgré Alceste, il est permis encore de croire, que des paroles françaises opposent de grands obstacles à la composition. Un Gluck pourra les asservir, un Gretry pourra se plier à elles, mais avec une égale sensibilité d'oreille, accompagnée d'autres talens, un Racine fera ses vers immortels, un Delille imitera Virgile et la nature, un Fenelon écrira Télémaque, Rousseau aussi prendra la plume, et la langue française qu'il trouva si rebelle à la musique proprement dite, se montrera la plus propre de toutes les langues, à cette autre musique, à la musique du style, dont les effets imprévus, innombrables, se sentent en mêmetems au cœur, à l'esprit, à l'oreille, et au pouvoir de laquelle il est impossible d'échapper.

Langues rivales, peuples jaloux, reconnoissez la supériorité de la langue française. Mais en vain voudriez-vous lui disputer la victoire, les monumens en existent et se multiplient par-tout. Combien de bibliothèques ne faudroit-il pas réduire à la moitié, combien de théâtres ne faudroit-il pas détruire, à combien de privations ne faudroit-il pas se condamner, pour anéantir ses trophées ! encore au milieu de ces trophées renversés, son empire subsisteroit. Comment oublier la langue quand on sait les livres par cœur ? Mais pourquoi rougiroit-on de s'être soumis, quand ce n'est pas par foiblesse, quand la victoire n'est pas l'effet du hasard ni d'aucune erreur ? La langue française est plus douce et plus laconique

que la langue allemande : ne res-
serrant pas toujours les *sens* et les
sons comme la langue anglaise,
elle peut être rendue sonore et ca-
dencée, mais aussi elle ne chante pas
toujours, elle parle avec plus de
rapidité et de force que la langue
italienne, cette rivale, d'ailleurs si
fortunée, qu'Apollon semble avoir
donnée aux hommes, et qui seule
parmi les langues vivantes, n'est
pas dédaignée d'Erato. Clio, Mel-
pomene, Thalie, et Uranie elle-
même, ont préféré la nôtre. *C'est
la langue des sages et des philo-
sophes*, a dit Rousseau; et quand
il la parle, n'est-ce pas la langue
favorite de tous les hommes, et des
Muses et d'Apollon? Mais à quels
sujets, à quelles conceptions, à
quelles pensées un style harmonieux

peut-il

peut-il s'adapter ? Seroit-ce aux anec-
dotes piquantes, aux observations-
épigrammatiques, à l'histoire de nos
guerres et de nos traités de paix ?
Non, on ne peut chanter que des
faits héroïques ou de douces fic-
tions ; les dieux, la vertu, l'amour,
les mœurs simples et sages, l'égalité des premiers hommes, la pauvreté noble et fière. Voilà aussi ce
que chanta Rousseau ; et plein des
objets qu'il venoit de créer ou d'embellir, tantôt il fut naturellement,
tantôt il voulut être l'homme de
ses ouvrages. Il aima les bois et
chercha la solitude : il repoussa
les dons de la fortune ; son exté-
rieur fut modeste ; sa vie fut simple
et frugale (2). Ainsi le sauveur de
Rome, Cicéron, prenoit conseil
de ce qu'il avoit lui-même écrit.
« Je me rappelle sans cesse », dit-

il à Atticus, « cet homme que j'ai
» peint dans mes livres »; et là-
dessus il retrace ce beau portrait,
devenu à son tour un modèle, auquel le peintre se gardera bien de
paroître inférieur. Ainsi Fenelon à
la Cour de son auguste élève, n'eût
voulu, n'eût osé se montrer semblable qu'à Philoclès ou à Minerve
elle-même. Liez-vous, jeunes au-
teurs, enchaînez-vous à la vertu
par vos premiers ouvrages, comme
un jeune guerrier se voue à la gloire
par ses premiers exploits. La liberté
que Voltaire avoit conservée au
milieu de tant de productions si différentes, vaut-elle les entraves que
se donnèrent Rousseau et Fenelon ?
Je sais qu'on abusera contre vous
de l'engagement que vous semblerez
avoir pris ; que Clodius osera ne
pas trouver les mœurs de Caton

assez pures, si-tôt que Caton aura tancé les mauvaises mœurs. N'importe, c'est un honneur suprême que cette sévère attente où l'on est d'un auteur célèbre. L'homme vertueux de tous les pays, de tous les siècles, l'identifiant avec ses ouvrages, le respecte et le chérit autant qu'il l'admire.

Qu'admirai-je le plus dans Rousseau? ce sont ses *Rêves*. Pour écrire, pour être lu, ne faut-il pas rêver? Quand on voit, de sang-froid, et au juste, de quoi l'homme est capable; comment il entendra et suivra le plus sage conseil; comment il jouira des dons les plus précieux de la nature ou de la fortune, aura-t-on quelqu'envie de parler de lui, de parler à lui? L'auteur qui s'y résoudra, à moins d'avoir l'esprit bien froid et bien borné, devra être un

ange de modestie et de patiente bien-
veillance pour ses semblables. Quelle
plus ennuyeuse tâche , et pour que
plus mince espoir de succès ! Tra-
vailler sans gloire , être regardé par
les grands juges comme un écrivain
sans génie , sans verve , sans éléva-
tion , ne seroit rien encore , si l'on
avoit du moins l'espoir d'être utile ;
mais qui pourra-t-on corriger, con-
soler ou instruire ? Quand on s'ennuie, et qu'on ennuie , on n'a point
de lecteurs. Pour faire aux hommes
le petit bien qu'ils sont capables de
recevoir, pour se faire écouter d'eux,
il faut chanter de belles chimères,
et les chanter avec une voix de sirène. Alors, du moins , on les amuse,
et on les échauffe de quelqu'amour
du beau , du noble , du juste.

La voix de sirène manquoit à
l'abbé de St. Pierre. Ce n'est pas

d'avoir rêvé, mais de ne nous avoir pas fait rêver avec lui, qu'il faut lui faire un reproche ; et c'est en cela seul qu'il a différé de Rousseau. Qu'es-tu donc charme du style, charme puissant et indéfinissable! Comment, avec des mots si connus, si communs, dont nous nous servons si souvent, à pure perte, peut-on captiver, entraî-ner, plaire à tel point? Rousseau sait ennoblir le sujet le plus trivial, rendre grave une bagatelle, et plaisant ce qui paroissoit le moins fait pour l'être. En nous peignant des jeux d'enfant, tout-à-coup, s'il le veut, il nous fait frémir. Et où allons-nous, surpris et curieux, interroger son art, cher-cher à reconnoître si c'est tel mot ou tel mot, ou tel arrangement de mots qui fait de nous ce qu'il veut? dans des projets et des hypothèses chimériques ; dans une éducation impossible ; dans un Contrat social, qu'aucune société n'a fait ni ne peut faire ; dans des *Rêves*, en un mot. Ils sont donc bien aimables ces Rêves ! Il faut donc qu'ils nous aient donné un extrême plaisir ! L'esprit encore frappé et charmé d'une décoration toute magique, nous prenons plaisir à en examiner jusqu'aux moindres ressorts, jusqu'à la toile et aux couleurs dont on a fait usage ; nous recherchons, sans cesser d'être séduits, la cause du prestige. Je la cherche.... ; si je pouvois la trouver et vous dire : Messieurs, tel fut l'art de Rousseau ; c'est en ceci que son secret consiste : je croirois avoir dérobé le feu du ciel ; et, quand je ne saurois point m'en servir, vous ne m'en couronneriez pas moins, pour ce seul présent que je viendrois vous faire. Oui, les *Rêves* de Rousseau sont aimables, sont précieux. Nous sommes si las de nous-mêmes et de toutes nos réalités, que nous avons besoin de choses idéales pour rajeunir nos imaginations affaissées et nos cœurs affadis. Oui, l'on nous fait un extrême plaisir de nous dire quelquefois que l'homme est naturellement bon ; que l'homme de la nature est tout différent de celui que nous voyons partout. Alors nous nous persuadons que l'état de société n'est qu'une circonstance où l'homme pouvoit se trouver ou ne se trouver pas ; et nous nous consolons mieux de cette dégradation accidentelle que d'une abjection naturelle, éternelle, inhérente. J'avoue que je ne sais ce que c'est que cette nature, qu'on n'a jamais vue dans son intégrité, qui n'est en aucun lieu, et dont on ne sait pas qu'elle ait été en aucun temps. D'ailleurs, comme le

dit le judicieux Fergusson, tout ce que
fait l'homme est de sa nature ; toutes
nos institutions , nos lumières , nos
vices , nos malheurs sont l'effet de
l'action inévitable du temps sur
l'homme originaire. Rousseau paroît
croire qu'on eût pu retarder cette
décrépitude du monde ; mais l'expérience seule pouvoit donner les
motifs suffisans pour le tenter.
Quand on connoît les maux que la
vieillesse amène , elle est venue ; et
il est trop tard pour l'empêcher de
venir. Mais est-il vrai qu'il nous ait
fallu du temps pour devenir ce que
nous sommes ? Deux frères enfans
se battront pour une noix , adoles-
cens, pour une femme ; hommes ,
ils se haïront pour l'honneur d'avoir
lancé une pierre plus juste ou plus
loin. Dans tous leurs différens âges,
que de conventions faites par la rai-

son, rompues par la passion, réclamées par l'intérêt, puis éludées, et enfin dédaignées à force d'avoir été enfreintes! Il n'a pas fallu deux générations pour qu'il y eût des combats, des trêves, des abus, un frein mis à ces abus, et encore des abus malgré le frein. Cependant l'homme idéal ou primitif est dans toutes les imaginations. On le cherche, on le suppose toujours. C'est lui seul qui est aimé d'une femme ; car, si-tôt qu'elle a reconnu que son amant n'est pas lui, elle cesse d'aimer. La femme, semblable à cet homme, est aussi la seule qu'adore un amant. Quand celle à qui il offroit ses vœux, par pure erreur, laisse paroître des défauts que n'a point la femme idéale, le feu qui brûloit sur un autel, désormais dégradé, languit et ne tarde pas à s'éteindre. C'est aussi à un peu ple primitif, qu'un génie bienfaisant veut donner des loix. Il songe bien quelquefois à des abus, mais tels qu'il les puisse prévenir; à quelques désordres, mais pas si grands qu'il n'ait cru voir déjà les moyens de les réprimer. Seroit-ce la peine, après tout, de bâtir un édifice quand on verroit la terre prête à se soulever et à le secouer, la mer prête à l'engloutir, ou je ne sais quelles eaux corrompues, pénétrer peu à peu, et en miner les fondemens ? Quelquefois Rousseau voit bien que ses loix et ses conseils ne conviennent à aucune société existante. Il dit avec humeur au public qu'il n'écrit pas pour lui, qu'il ne se flatte pas même de se faire bien entendre ; le pense-t-il, et s'en irrite-t-il, ou ne fait-il alors que cacher, par une sorte de pudeur, une partie de ses hautes espérances ? ou enfin, en brusquant le lecteur qu'il enchante, ne cherche-t-il point soit à le piquer d'honneur, soit à se montrer davantage son maître, un maître qui ose le gourmander, à qui appartient toute sorte d'empire ? « Je le vois bien », dit quelquefois Mentor à Télémaque, » vous ne ferez pas ce que la sagesse » ordonne, votre courage est énervé; » vous n'avez pas même la force de » vouloir secouer vos honteuses chaî- » nes, et sortir d'un état si peu » digne de vous. Je parle en vain ». Mentor parlant ainsi, croit-il parler en vain (1) ?

L'âge d'or, l'homme de l'âge d'or ne sont pas matériellement vrais, mais ils sont vrais dans une hypothèse nécessaire, et que nous ne pouvons point ne pas faire, et à laquelle nous rapportons tout, sans même nous en appercevoir. Ne comptez pas, disent les malheureux esprits froids, qui nous envient nos chimères, ne comptez pas sur une maîtresse fidèle, sur un fils à-la-fois bon brave, aimable ; sur un ami toujours tendre, discret et zélé. Les mécomptes inévitables en seroient plus douloureux. Prenez sans illusion ni exaltation, les hommes et les femmes comme ils sont..... Les prendre ? Eh ! qu'en ferois-je ? Mais supposé que je veuille d'une maîtresse capable d'infidélité, d'un ami à demi-sûr, et que je puisse me plaire à élever un fils chez qui je prévois des défauts, qu'on me dise donc quels et combien de défauts, d'infidélités, d'indiscrétions il faut que je prévoie. Si j'en prévois jusqu'à un certain point, serai-je sûr qu'il n'y ait rien de plus à craindre ? Il me faudra cette certitude, et que je puisse mieux compter sur un degré de perfection limité, que sur la perfection même ; autrement, ce ne seroit pas la peine de changer une chimère plus douce contre une autre qui le seroit moins. Mais si vous me forcez à ne compter sur rien, à craindre toutes sortes de maux de la part de ceux qui me devront être les plus chers, doutez-vous que je ne coure m'enfoncer dans les bois, plutôt que de me livrer à eux ? J'en dis autant d'un gouvernement. Il seroit aussi difficile d'imaginer des loix défectueuses, mais au moyen desquelles un état pût néanmoins subsister, que d'imaginer des loix parfaites. C'est dans ceci sur-tout qu'il est permis de vouloir l'impossible. Si c'est plus qu'on ne peut faire et obtenir, ce n'est pas plus qu'il ne faut vouloir et tenter.

Supposons , me dira-t-on peut-être, qu'on ne donne pas, en se ré-paissant de chimères, la preuve d'un esprit faux , et qu'en nous les pré-sentant on nous fasse plaisir et quel-que bien , nierez-vous que si, avec ce même style, cette même grace , ce même ascendant, né de la grace unie à la force on nous eût proposé des choses plus à notre portée, des plans plus praticables, plus aisés à à réaliser ; nierez-vous qu'on n'eût encore plus fait pour nous ? Je croyois avoir prouvé que cela ne se pouvoit pas , et qu'il falloit que l'aigle s'é-levât dans les régions sublimes , fort au-dessus de notre atmosphère , pour déployer , à son aise, ses grandes aîles et son vol majestueux ; mais je me rappelle que Rousseau a fait ce que je ne croyois pas possible. Sans comp-ter les conseils qu'il donne en pas-

sant, comme celui de ne pas arran-
ger notre vie de manière que notre
intérêt se trouve en opposition avec
nos devoirs; notre cupidité avec des
affections d'où dépendent notre bonheur et celui des autres; sans comp-
ter la fidélité conjugale, recom-
mandée avec tant de force; et un
détail si grand de motifs et de rai-
sons, n'a-t-il pas destiné des ouvrages
entiers à des thèses particulières? Et
qu'ont-ils produit? Après les argumens les plus précis, les plus serrés,
après le déploiement le plus brillant
de la plus saine logique, il a dit à
un homme constitué en dignité :
« Monseigneur, vous m'avez insulté
» publiquement : je viens de prou-
» ver que vous m'avez calomnié. Si
» vous étiez un particulier comme
» moi, que je pusse vous citer devant
» un tribunal équitable, et que nous

» y comparussions tous deux, moi
» avec mon livre , et vous avec
» votre mandement , vous y seriez
» certainement déclaré coupable ,
» et condamné à me faire une ré-
» paration aussi publique que l'of-
» fense l'a été. Mais vous tenez un
» rang où l'on est dispensé d'être
» juste ; et je ne suis rien. Cependant,
» vous qui professez l'Evangile ; vous
» Prélat , fait pour apprendre aux
» autres leur devoir , vous savez le
» vôtre en pareil cas ».

Le Prélat fit-il son devoir ? Donna-
t-il , en se rétractant , en faisant des
excuses à l'offensé , un exemple de
justice et d'humilité chrétienne ?
point de chimères , ici cependant :
tout étoit clair , simple, vrai. Point
de difficulté insurmontable ; tout
étoit praticable, et même aisé.

Voici un autre exemple. Rousseau

s'étoit surpassé dans sa lettre contre l'établissement du spectacle à Genève. Barême n'est pas plus sans réplique ; Mad. de la Fayette n'a pas plus d'agrément ; Bossuet pas plus d'éloquence, ni Pascal plus d'esprit, ni Fénelon plus de douceur. Eh bien ! on a bâti à Genève une salle de comédie en pierre de roc.

Ah ! il vaut mieux rêver. Il vaut mieux donner au public l'excuse d'une difficulté trop grande. Ne voit-on pas que toute idée de l'espèce de celles qui se réalisent, peut heurter quelqu'intérêt ; et alors tout sera rejeté, tout sera perdu. L'éloquence est vaine contre la passion ou le froid intérêt. Un milan affamé dévore le rossignol, et ne l'écoute pas. Au lieu que des rêveries, de grands projets, de sublimes imaginations, si elles ne sont pas adoptées, laisseront, au moins quelque mouvement dans l'ame qu'elles auront remuée. Les éclairs ne donnent pas une lumière d'après laquelle on se mette en chemin, comptant qu'elle éclairera constamment notre marche ; mais il arrive qu'au moment où le ciel paroît embrasé on découvre quelque chose sur la terre, qu'on n'avoit jamais vu. On pourra se le rappeler et l'aller chercher après l'orage. Tel a cru qu'on ne pouvoit être un homme de génie et croire en Dieu, qui voit que Rousseau croyoit en Dieu. Quand même il ne seroit pas fort content des preuves, les éclairs qui auront brillés à ses yeux pourront lui laisser d'utiles souvenirs. Le dévot en haïra moins la philosophie ; le jeune athée sera moins sûr de soi. On n'a pas cru sans doute pouvoir élever un enfant précisément comme Rousseau élève

son *Emile* ; mais cependant les mères ont plus souvent offert leur propre lait au fruit de leurs entrailles , et n'ont plus permis qu'on serrât si fort ses maillots ; les précepteurs sont devenus moins pédans ; l'expérience a été plus souvent jointe à la doctrine ; les enfans, moins gênés de toute manière, ont eu un peu plus de chances de devenir des hommes. Ah ! que volontiers et de bon cœur je dirai , non de l'*Emile* seul , mais de tous les ouvrages de Rousseau : « Quand
» il n'y auroit pas un mot de vérité,
» on en devroit honorer et chérir
» les rêveries, comme les chimères
» les plus douces qui puissent flatter et
» nourrir le cœur d'un homme de
» bien. Oui, s'il existoit en Europe
» un seul gouvernement éclairé, un
» gouvernement dont les vues fussent
» vraiment utiles et saines, il eût rendu

» des honneurs publics à l'auteur......

On te les rend ces honneurs , ô Rousseau ! Des hommes, parmi lesquels je vois plusieurs de tes contemporains , ne dissimulent plus leur reconnoissance.

Les défauts n'ont fait que passer, mais les bienfaits restent ; les beaux rêves de cet homme extraordinaire restent. Il a pu faire du mal à quelques individus, mais il a fait du bien à des nations entières; tous les jours il nous en fait ; il en fera aux races futures. La reconnoissance me défendoit de parler de ses fautes ; et je refuserois d'achever de remplir ma tâche, si Rousseau , se confessant à à l'univers , ne nous eût tous invités » à le juger sans faveur.

Franc dans son orgueil , mais sans réserve aussi dans ses aveux, il nous a raconté sa vie, et l'opinion publique lui est devenue moins favorable ; car nous rêvons à notre manière. Beaucoup de gens avoient rêvé la perfection de Rousseau. Sous le voile rayonnant dont le couvroit la gloire, ils avoient cru entrevoir un demi-dieu. Cet Orphée qu'ils entendoient sans l'approcher, habitoit pour eux une sorte d'empirée.

Mais il étoit du monde,

ou du moins il en avoit été ; et si-tôt qu'ils l'ont appris de sa propre bouche, si-tôt qu'ils ont su que Rousseau étoit né simple mortel, ils se sont étonnés et fâchés. Pour moi je ne l'estime pas moins que je ne faisois, et je l'aime beaucoup plus. Quand on voit des gens qui se louent toujours et ne s'accusent jamais, peut-on douter qu'ils ne soient quelquefois fourbes ou aveugles ? Mais s'ils étoient fourbes, ne seroient-ils pas bien mal adroits? Qu'ils nous avouent quelques fautes, nous les en croirons mieux sur tout le mérite qu'ils voudront ensuite s'attribuer.

Ce n'est pas que je ne sois du nombre de ceux qui, confondant l'auteur et l'homme, identifiant Rousseau avec ses ouvrages, demandent, exigent beaucoup de lui ; mais nul engagement ne doit avoir un effet rétrograde (4), et je ne demande pas plus de l'auteur futur, alors futur, de l'*Emile*, de l'*Héloïse*, de la lettre sur les spectacles, que je ne demande de tout autre homme. Sa vie, non plus qu'une ode qui seroit échappée à Horace, jeune encore, et avant qu'il n'eût fait sa poëtique, n'avoit pas besoin d'être plus parfaite que celle de tout autre. Il n'avoit pris aucun engagement particulier d'être meilleur, plus véridique, plus juste que le commun des hommes.

On s'étonne sur-tout que celui qui professe tant d'amour pour la vérité, lui ait donné des atteintes si fréquentes ; mais il me semble que nous devons beaucoup d'indulgence à de petites fraudes qui n'ont jamais un but sérieux. Seroit-ce pour se tirer d'un mauvais pas, pour confondre un ennemi, rabaisser un rival, pour se parer d'une gloire étrangère, pour obtenir un rang ou un trésor qu'il dissimule ou qu'il invente ? Non, rien que de puérile dans son manège. Ce n'est pas Ulysse qui cherche à s'emparer des chevaux de Rhesus, ou des flèches de Philoctete ; c'est un enfant qui néglige un monceau d'or pour des dragées ; qui plein d'horreur pour un mensonge qu'il eût fallu méditer, se vante, s'excuse et embellit ses récits de quelques fables, quand il voit ses camarades l'écouter avidement.

Sa mauvaise honte, effet peut-être d'une juste honte que lui causoit l'état abject où lui - même il s'étoit mis, et la vie errante et oisive qu'il a long-tems menée, sa mauvaise honte seule lui a donné des torts graves. Excepté ce défaut, je ne lui en vois aucun dans sa jeunesse qui ne soit le partage ordinaire de cette belle saison de la vie. La brillante imagination et la vive sensibilité la rendoit plus belle pour lui, mais aussi plus périlleuse que pour la plupart des gens ; et la pauvreté y étoit jointe. Rousseau n'avoit pas encore su l'ennoblir, et loin d'être un égide, elle n'étoit qu'un danger de plus.

C'est

C'est elle, avec sa sœur la honte, qui ont causé la plus grande faute qu'on reproche à Rousseau. Il a perdu ses enfans. Pourquoi étoit-ce les perdre, les abandonner, les livrer à un sort malheureux, que de les confier à la religion et à la patrie? Il a perdu ses enfans : en vain il s'étourdit sur cette perte, et j'entends mal ses regrets et ses foibles excuses, s'il n'est mort victime d'un si cruel souvenir. O vous que je vois parmi mes juges, vous dont le langage, aussi clair, aussi pur, aussi noble que celui de Rousseau, s'est fait entendre dans la cause de l'humanité pauvre et infirme; voici une autre cause non moins touchante que vous devrez plaider et gagner un jour. Puissiez-vous, avec assez de puissance pour faire le bien, avoir bientôt plus de tranquillité et de loisir qu'aujourd'hui, et toujours autant de zèle et de bonté qu'autrefois ! C'est bien de vous qu'on est autorisé à tout attendre ! vos engagemens sont encore plus solemnels que ceux de Rousseau. Il fit espérer, vous avez promis, et l'univers a entendu le serment.

Après les engagemens qu'a pris Rousseau, c'est un autre homme. Ses rêves, ses vertus, ses défauts ont changé. Il se lie tous les jours davantage aux vertus qu'il a adoptées, mais souvent les vœux sont prononcés d'une voix lugubre ; l'expression en est sombre, et ils sont remplis avec une extrême âpreté.

Autrefois vivant au hasard, disciple de ses passions, amant de la nature, adorant son créateur selon le premier culte qui se présentoit, dévot plutôt que religieux, tendre plutôt que bon, passionné pour tout ce qui est beau, mais sur-tout pour la musique, c'étoit un aventurier distingué, intéressant, plein de charmes, de talens et de travers. Enfin le hasard, le besoin, l'amour-propre, Paris, Diderot le font auteur. C'est Orphée. Il chante une morale qui convient aux accens de sa lyre. Elle est belle, il l'aime ; elle est sévère, il s'y soumet. ses anciennes fautes reviennent à sa mémoire, et s'y gravent pour les lui faire expier jusqu'à sa fin. Les torts des autres sont liés à ses propres torts, et souvent les ont causés ; il les déteste. Il soupçonne, il reproche, il hait ouvertement. Cependant la jalousie s'est levée contre lui. Elle ne trouve que trop de prétextes de le noircir, et trop de moyens de le tourmenter. Il s'irrite. Sa haine pour la société augmente. Il déclare ne vouloir d'aucun de ses bienfaits. De-là des refus durs, des procédés bizarres, et quelquefois l'apparence de l'ingratitude. Refuser tout des mains du vice, lui paroît une offrande à la vertu; et il croit chanter un hymne continuel à son honneur, quand il ne cesse pas d'injurier son ennemi.

Où faut-il aller, si l'on veut fuir le vice ? Hélas! loin des hommes! Rousseau vit solitaire; cependant il a besoin d'aimer. Ses rêves ne suffisent pas toujours à son cœur. Il est triste de n'embrasser jamais qu'une ombre. Aussi s'attache-t-il tantôt à une femme douce et aimable, tantôt à des enfans innocens; quelquefois même à un grand seigneur (5), à un homme riche : mais qu'alors il est pointilleux et difficile! peut-être se reproche-t-il son attachement comme une apostasie. N'avoit-il pas voué une haine éternelle aux richesses corruptrices et aux tyranniques grandeurs ? N'avoit - il pas juré d'être à jamais indépendant de la fortune ? Au moindre soupçon qu'il peut concevoir, il s'efforce d'acquérir une si forte conviction des intentions les plus perfides, qu'elle rende la rupture nécessaire. Alors l'apparence de caprice et d'in-gratitude qu'il va se donner, est à ses yeux un acte de vertu de plus; il sacrifie à la vertu jusqu'à sa réputation.

Il veut se persuader qu'il en coûte à son cœur, mais il me semble que le charme une fois rompu, Rousseau ne regrettoit personne.

Tout attachement disparoissoit avec le fantôme auquel il n'avoit fait que donner un nom pour lui pouvoir parler, un corps pour le mieux voir.

Outre que les rêveurs de la trempe de Rousseau, ont à peine des objets réels d'attachement, je trouve que les gens qui se nomment les amis d'un homme célèbre, ne le sont jamais que comme on l'est des rois. Trop de vanité se mêle au sentiment. Le dévouement même qu'on leur témoigne, est teint de je ne sais quoi de trop éclatant. *La douce égalité* n'y est d'aucun côté. L'amitié manque dans ces amitiés ; et Rousseau ne quittoit pas un ami, quand il renonçoit à celui qui étoit son client pour l'esprit en même-tems que son patron pour la fortune.

La société, la postérité sont plus idéales ; elles sont ou seront par-tout, mais on ne les voit point. Rousseau leur reste plus long-tems attaché (6). Il a averti, et plût à Dieu qu'on eût été plus attentif à ses pronostics ! il a averti la société de son bouleversement prochain (7), quand il présage qu'Emile aura besoin de ses bras pour vivre. Il voyoit ces cordes trop tendues, prêtes à se rompre ; ces hautes tours s'élevant sans cesse, prêtes à s'écrouler. Il observoit donc toujours les hommes. Il leur a parlé jusqu'à la fin. Il s'est plaint d'eux à eux-mêmes. Il a imploré leur pitié pour les maux qu'il en avoit reçus. Ah ! si l'on pouvoit parler à Dieu, et que Dieu daignât répondre ! mais personne ne répondoit à Rousseau. Point d'amis, point d'enfans. Et pourquoi point d'enfans ?

Allez, ame trop tourmentée, allez vous reposer dans le sein du Dieu auquel vous avez cru. Pour moi, me dérobant à de lugubres images, je vais reprendre quelqu'un de vos écrits divins. Je n'en reçois pas une simple instruction, ni un simple amusement. Ils me transportent comme dans un temple majestueux, où j'entends un chœur d'anges former une douce symphonie, et chanter Dieu, l'ordre et la paix.

NOTES DE L'ÉDITEUR.

(1) DANS l'intention de l'auteur, cet *en* se rapporte à *hommage* : il falloit, *qui est l'objet de votre hommage.* Nous donnons ce discours comme il fut envoyé le 26 Mai, sans y changer un seul mot.

(2) Nous regrettons que l'auteur n'ait pas plus insisté sur l'influence que la sensibilité d'oreille de Rousseau à dû avoir d'abord sur son style et le génre de ses écrits, puis sur ses opinions et ses mœurs. Il n'y a qu'à bien développer cette pensée, pour lui ôter tout ce qu'elle paroîtroit avoir de bizarre, quand elle ne seroit considérée qu'en passant. Ne sait-on pas que tout est à-la-fois cause et effet ? qu'il n'est rien dans la nature qui reste isolé et sans influence ? que rien ne se meut qui ne communique autour de soi son mouvement, et qu'aucun mouvement ne sauroit être accéléré, ou rallenti, ou changé dans sa direction, sans que le mouvement général ne s'en ressente ? Un homme ne sauroit avoir dans ses organes un degré de sensibilité de plus ou de moins, sans être un autre homme que s'il eût été autrement organisé. S'il voit mieux qu'un autre, il sera tel autre homme, et tel autre s'il entend mieux. De proche en proche les sens qui ont une si grande influence sur

les mœurs , dirigent aussi et fixent les opinions ; et ce qu'ils ont tant de fois corrompu et dégradé, ne pourroient-ils pas une fois l'épurer et l'exalter ? Ne pourroient-ils pas faire un Zenon, après avoir fait tant d'Epicures ?

(3) Quand Rousseau loue sa patrie et lui fait hommage d'un de ses écrits , il croit, il espère que les magistrats sauront mériter la confiance du peuple , et le peuple avoir de la confiance en ses magistrats. Ensuite il dit que sa louange étoit une leçon , et il s'étonne d'avoir pu se flatter qu'elle seroit efficace. Puis revenant tantôt à retenir , tantôt à exciter les défenseurs qu'il a dans sa patrie ; quelquefois réveillant les craintes et les défiances, mais plus souvent exhortant à la douceur et à la paix , on voit dans tout ce qu'il dit qu'il se flatte encore qu'un jour renaîtront pour Genève l'âge d'or , le règne de Saturne et de Rhée. Faut-il s'en étonner ? L'être parfait, l'ordre parfait ne sont-ils pas des chimères vraies , pour ainsi dire, et adoptées de tout le monde ? Le nom de chaque vertu ne suppose-t-il pas la perfection de cette vertu ? Quand nous prononçons les mots de courage , de loyauté , de désintéressement , donnons-nous aussi-tôt des bornes à leur signification ? Quand on nous parle d'un homme brave , ou loyal , ou désintéressé , pensons-nous aussi-tôt qu'il ne peut l'être que jusqu'à un certain point , et que l'occasion viendra où cette vertu qui le caractérise se

trouvera en défaut ? Il est bien certain que nous ne sommes pas si malheureux que cela. Et pourquoi la réunion de ces vertus , dans laquelle consisteroit la perfection de l'homme , seroit - elle rejetée par l'imagination , plutôt que la perfection de chacune d'elles ? Pourquoi la perfection de plusieurs hommes , dans laquelle consisteroit la perfection de la société , seroit-elle plus absurde à imaginer que la perfection d'un seul ? On peut mettre en même cathégorie le point mathématique et la perfection morale : ces choses-là ne sont ni vraies ni fausses , et on est sans cesse forcé de les supposer,

(4) *Effet rétrograde* nous paroît une faute , soit du copiste, soit de l'auteur. *Effet rétroactif* , qui est fort en usage aujourd'hui , ne nous paroîtroit pas beaucoup plus heureux ; car un *effet* ne pouvant être *actif* , [du moins en sa qualité d'*effet*] il est superflu de dire qu'il ne doit pas être *rétroactif.* Qu'on dise et ne cesse pas de dire , *que les lois ne doivent pas être rétroactives.*

(5) Rousseau , comme un autre , avoit du foible pour ceux que distingue un nom illustre ; leurs caresses le flattoient. Pour s'en convaincre , il ne faut que lire ce qu'il dit de la maison de Solar, de la maison de Montmorency , du Maréchal de Luxembourg en particulier , et de George Keith, Maréchal héréditaire d'Ecosse,

(6) Plus haut on a dit qu'il se détacha de la société, et ici qu'il lui resta attaché. Mais les sensations de Rousseau à cet égard s'entre-détruisoient sans cesse, et il s'est mille fois contredit quand il a parlé de ses haines, de ses dégoûts, de ses douleurs. La société étoit pour lui une maîtresse, à laquelle on revient dire mille fois en pleurant, qu'on ne peut plus la souffrir. Que faire en effet? Les hommes ont beau être sots et pervers, il n'y a dans le monde que cela à aimer.

(7) L'auteur du contrat social lui-même appelleroit *bouleversement* ce que nous voyons arriver, et il est fort douteux qu'il prévît aujourd'hui mieux qu'un autre si l'ordre doit sortir du chaos. Au reste on auroit tort, selon nous, d'attribuer la révolution aux ouvrages de Rousseau, soit pour la lui reprocher, soit pour lui en rendre grace. L'Homme aux quarante écus et Candide y ont contribué tout autant que l'Emile et le discours sur l'inégalité ; mais sans que Voltaire ni Rousseau eussent écrit, il suffisoit pour nous mener où nous en sommes, des vices des grands, de la misère du peuple, et de l'ambition envieuse trop commune chez des gens qui ne sont ni peuple, ni grands.

De l'imprimerie de CALIXTE VOLLAND, quai des Augustins n°. 25.